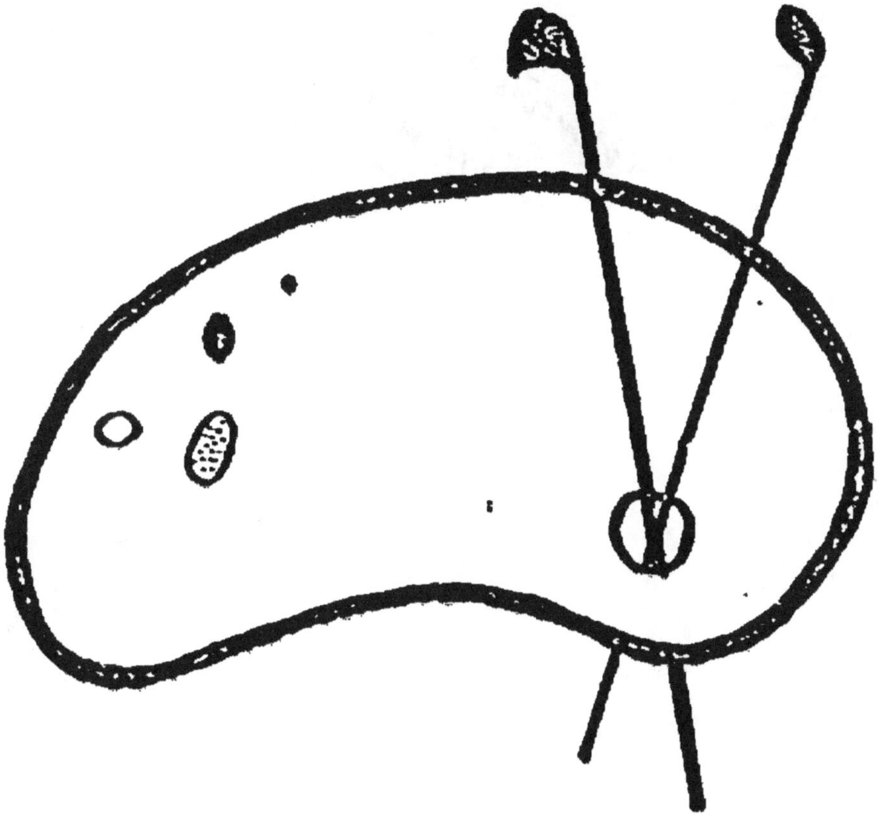

DEBUT D'UNE SERIE DE DOCUMENTS
EN COULEUR

uffier.

A Monsieur Leopold
hommage de respectueux
de son très humble serviteur

Couverture à conserver

L2k
5225

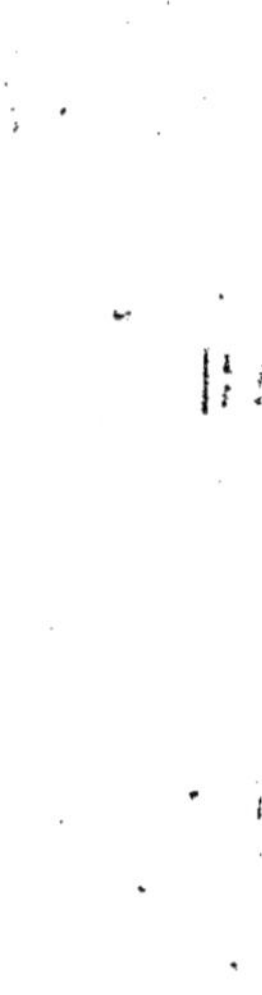

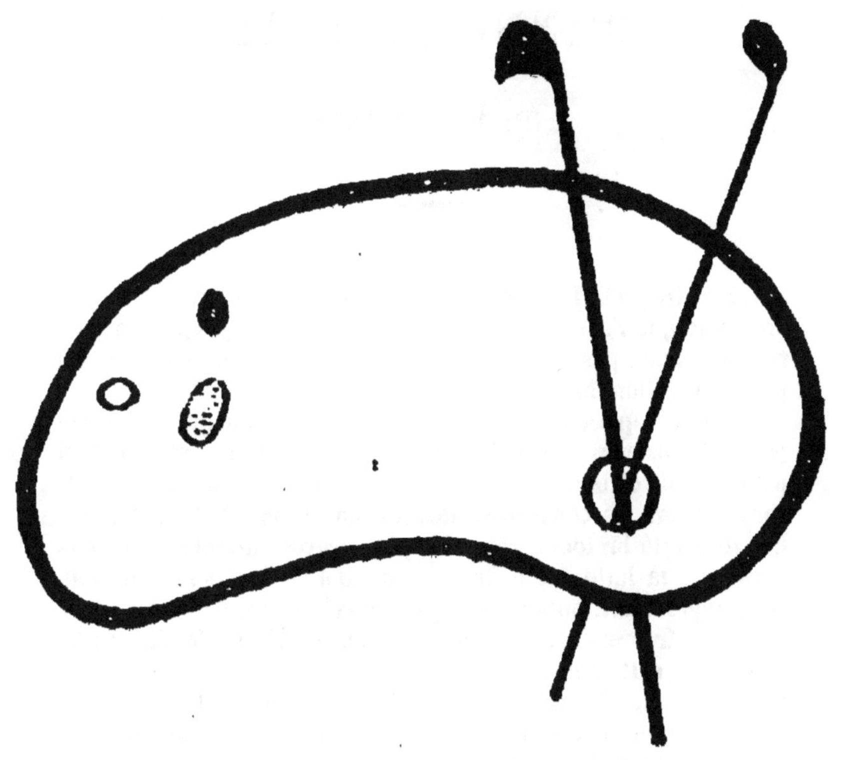

FIN D'UNE SERIE DE DOCUMENTS
EN COULEUR

LETTRE INÉDITE

D'INNOCENT III

DU 12 MAI 1200.

L'histoire de la Bretagne présente au lecteur attentif plus d'un problème que l'ensemble des documents publiés jusqu'à ce jour ne lui permet pas de résoudre, malgré l'abondance des textes publiés par Dom Morice et Dom Taillandier.

Parmi ces questions controversées, il en est une qui mit en jeu pendant plusieurs siècles tout à la fois les intérêts religieux et politiques de cette province, et vint se terminer au moment où, ébranlée par les convoitises des rois de France et d'Angleterre, la nationalité bretonne reçut les plus graves atteintes. Je veux parler de la lutte des métropoles de Dol et de Tours, question, comme je l'ai dit, autant politique que religieuse.

Je n'entreprendrai point aujourd'hui de décrire les différentes phases de cette célèbre querelle. Ce travail a été fait par notre confrère, M. Anatole de Barthélemy[1]. Ses recherches l'ont amené à présenter sous son vrai jour le but que se proposait Noménoë en établissant la prépondérance de l'église de Dol sur les autres évêchés de Bretagne, et les raisons qui engagèrent ses successeurs à défendre l'œuvre du roi breton, à savoir : sauvegarder d'une manière assez durable l'indépendance de la province. Je constaterai seulement qu'au début de cet article M. de Barthélemy regrette d'avoir vu ses recherches, faites jusque dans les archives du Vatican pour éclairer un point si important de notre histoire, rester sans résultat.

Une circonstance imprévue m'a fait découvrir un texte qui

1. *Mélanges historiques et archéologiques sur la Bretagne*, IIIe fascicule, p. 82 et suiv. Paris, librairie archéologique de V. Didron, 1858.

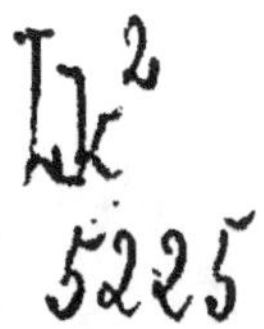

jette, si je ne me trompe, beaucoup de lumière sur les derniers moments de cette lutte acharnée. Je serais trop heureux si je pouvais confirmer, en discutant cette pièce, les conclusions de M. de Barthélemy et profiter de cette occasion pour le remercier de tant d'avis éclairés qu'il a bien voulu me donner.

Tous les historiens affirment qu'après la bulle publiée par Innocent III, le 1er juin 1199, pour soumettre à la juridiction de la métropole de Tours l'évêché de Dol, la soumission des Bretons fut complète, et que le Souverain Pontife eut la joie de voir se terminer ainsi en quelques jours une contestation qui durait depuis trois cent cinquante ans[1]. Il serait mieux de reconnaître, avec M. de Barthélemy, que la bulle du pape ne laissait subsister aucun prétexte à de nouvelles réclamations officielles, à une nouvelle instruction de la cause, et que, le 17 décembre 1201, deux ans et demi après la notification de la sentence pontificale, le duc Arthur, ayant consulté les barons, les évêques de Rennes, Nantes, Saint-Malo, Vannes et Quimper, s'engageait à faire exécuter les ordres du pape, et que, depuis ce temps, le siége de Dol ne fut plus que le premier des évêchés bretons[2].

Que se passa-t-il du 1er juin 1199 au 17 décembre 1201? Telle est la question que je me propose d'étudier en publiant une lettre inédite d'Innocent III, que je trouvai, il y a quelques années, dans le fonds du Chapitre de Vannes.

Mais, avant d'entrer en matière, je crois devoir donner le texte de cet acte important.

Innocentius episcopus, servus servorum Dei, venerabilibus fratribus episcopis per Brittaniam constitutis, salutem et apostolicam benedictionem. Jam pridem a quibusdam intelleximus dubitari utrum, durante sententia interdicti in totam Brittanniam, de mandato apostolico promulgata, clericis vel laicis dandum sit viaticum in extremis, unctio impendenda et cum aliis sacramentis indulgenda sit decedentibus sepultura; utrum etiam in conventualibus ecclesiis, demissa voce, januis clausis, interdictis exclusis, divina possint officia celebrari? Similiter an suscipientibus signum crucis et sanctorum limina visitantibus sit penitentia injungenda? Nos ergo ambiguitatem hujusmodi de dubitantium volentes cordibus amputare, in

1. Mgr Jager, *Histoire de l'Eglise catholique en France*, t. VIII, p. 406.
2. *Mélanges hist. et arch. sur la Bret.*, etc., p. 106.

illo verbo per quod penitentiam morientibus non negamus, viaticum etiam quod vere penitentibus exhibetur intelligi volumus, ut nec ipsum etiam decedentibus denegetur; licet autem per generale interdictum denegetur omnibus tam uncio quam ecclesiastica sepultura, concedimus tamen, ex gracia, ut clerici decedentes, qui tamen servaverunt interdictum, sine campanarum pulsatione, in cimiterio ecclesie, cessantibus omnibus sollempnitatibus, cum silentio tumulentur, et in conventualibus ecclesiis duo vel tres simul horas canonicas valeant legere potiusquam cantare, januis clausis, interdictis exclusis, et voce ita demissa quod exterius non possint audiri, cum et regularibus, secundum privilegia sedis apostolice, sit indultum ut, cum generale interdictum terre fuerit, liceat eis, januis clausis, excommunicatis et interdictis exclusis, non pulsatis campanis, suppressa voce, celebrare divina. Recipientibus autem signum crucis non negamus quominus eis, ob reverentiam crucifixi, penitentia cum postulaverint injungatur, quod et aliis peregrinis potest misericorditer indulgeri. Datum Laterani, iiii idus Maii, pontificatus nostri anno tertio.

Cette lettre, comme je l'ai dit plus haut, fait partie du fonds du Chapitre de Vannes. Pendant mes vacances de l'Ecole des Chartes, M. Rosenzweig, archiviste du Morbihan, voulut bien me permettre de débrouiller une partie de ses archives ecclésiastiques, non encore classées à cette époque. Dans une liasse de procédures du siècle dernier, j'aperçus un parchemin portant au revers la date 1201 en caractères modernes; au bas de l'acte se voyaient encore quelques restes de la cordelette de chanvre qui soutenait la bulle de plomb; celle-ci avait disparu.

A la première lecture, je vis que c'était une bulle du XIIIe siècle. Elle répondait à plusieurs questions posées par les évêques de Bretagne sur la manière de faire exécuter un interdit lancé sur toute la province.

Quel est le pape qui lança cette bulle? Pour quels motifs le Souverain Pontife frappa-t-il notre province d'une peine aussi sévère? Quelle fut la durée de cet interdit? Telles sont les principales questions que je m'efforcerai d'éclaicir. J'aurai en outre lieu de remarquer que cet acte apporte plus d'un adoucissement à la pénalité ecclésiastique jusque-là en vigueur relativement à l'interdit.

Et d'abord de quel pape est cette bulle? La réponse sera très-facile, grâce aux travaux de M. Léopold Delisle sur la diplomatique d'Innocent III [1]. Il me suffira de suivre de point en point les règles posées par un savant aussi éclairé. Pour distinguer les actes d'Innocent III des actes d'Innocent II et d'Innocent IV, c'est, dit-il, à la manière de dater qu'il faut s'en rapporter. Depuis Honorius II jusqu'à Urbain III (1124-1187) les lettres des papes n'ont été datées que du lieu et du jour de leur publication. Celles d'Innocent III et d'Innocent IV sont datées du lieu, du jour et de l'année de leur pontificat. Les unes ne sauraient être confondues avec les autres. La bulle qui nous occupe porte ce dernier caractère. On ne peut donc l'attribuer à Innocent II.

Sous Innocent III et Innocent IV les formules de la chancellerie romaine étant les mêmes, comment distinguer auquel de ces deux pontifes appartiennent les actes émanés de leur autorité? La connaissance de leur itinéraire peut seule lever la difficulté. Ici encore, M. Léopold Delisle nous trace, d'après les documents les plus certains, les différentes pérégrinations de ces deux pontifes. Innocent IV ayant été élu le 25 juin 1243 et sacré le 28 ou le 29 juin suivant, la troisième année de son pontificat s'étend du 29 juin 1245 au 29 juin 1246. Or, pendant tout ce temps, le pape résidait à Lyon, où il s'était réfugié l'année précédente pour échapper aux poursuites de Frédéric II qui mettait en péril la liberté du chef de l'Eglise. Innocent III ayant été élu le 8 janvier 1198 et sacré le 22 février, la troisième année de son pontificat s'étend du 22 février 1200 au 22 février 1201. Tous les actes émanés de la chancellerie à cette époque sont datés de Latran [2]. Aussi peut-on dire avec certitude que l'acte en question est d'Innocent III et doit être fixé au 12 mai 1200.

Cette première question étant résolue, il faut rechercher maintenant quelle infraction aux lois de l'Eglise força le Souverain Pontife à mettre en interdit la Bretagne entière.

Si nous consultons les historiens, aucun ne parle d'une peine aussi sévère fulminée par Innocent III pour contraindre les Bretons à respecter son autorité.

Alors sévissait dans toute sa rigueur le grand interdit lancé sur la France à l'occasion du mariage illégitime que Philippe-Auguste

1. *Mémoire sur les actes d'Innocent III*, par M. Léopold Delisle. *Bibliothèque de l'Ecole des chartes*, XVIIIe année, IVe série, tome IV, p. 1 et suiv.
2. *Mémoire sur les actes d'Innocent III*, etc... tome IV, p. 63 et suiv.

avait contracté avec Agnès de Méranie au mépris des droits de sa véritable épouse. Ce prince ayant répudié Ingeburge, fille de Waldemar, roi de Danemark, les pères du concile de Dijon, d'après les ordres du pape, avaient menacé de jeter l'interdit sur le royaume, le 12 décembre 1199, si le monarque ne revenait à résipiscence. Mais le légat défendit de faire connaître cette condamnation avant le vingtième jour après la fête de Noël. Philippe-Auguste s'opiniâtra dans sa résistance et la sentence fut rendue publique au concile de Vienne. Les évêques reçurent l'ordre de la publier dans leurs diocèses et de tenir à son exécution. Le troisième jour après la Chandeleur 1200 (5 février) le culte extérieur cessa dans tous les Etats de Philippe et ne fut rétabli que le 7 septembre 1200, veille de la fête de la Nativité, par la soumission du roi au château de Saint-Léger.

Mais l'interdit dont nous venons de parler ne touchait pas la Bretagne. Cette peine frappait seulement les sujets immédiats du roi de France, et non pas toutes les provinces qui lui rendaient hommage. En effet, le duc de Normandie était vassal du roi de France, et les habitants des contrées voisines pouvaient chercher un refuge dans cette province pour éviter les rigueurs de l'interdit. Le comte de Ponthieu se retire à Rouen avec la jeune sœur de Philippe-Auguste afin d'y recevoir la bénédiction nuptiale. La Bretagne relevait de la France au même titre; l'interdit lancé par Innocent III sur le royaume ne pouvait donc l'atteindre.

Si maintenant nous examinons le texte même de la bulle, il ne parle que de notre province *in totam Brittanniam.* C'est donc un interdit local, bien distinct du premier, et n'ayant pour but que de vaincre l'opiniâtreté des Bretons.

Or, quels sont, en Bretagne, les faits religieux les plus importants de cette époque? Un seul occupe tous les esprits : la lutte des métropoles de Dol et de Tours, sur laquelle venait de se prononcer d'une manière définitive Innocent III. En dehors de ce fait, nous ne voyons aucun crime commis par le jeune duc Arthur ou ses conseillers de nature à nécessiter un pareil châtiment. Le clergé, un moment livré à bien des désordres par suite des guerres continuelles qui désolèrent la Bretagne, se reformait grâce à l'influence salutaire des fils de saint Benoît, principalement des religieux de l'abbaye de Marmoutier, et des fils de saint Bernard répandus dans tout l'ouest de la France pendant le

XIIe siècle, et grâce aussi à la direction des évêques qui étaient alors des prélats d'une sagesse et d'une capacité éprouvées.

Tous les historiens, comme je l'ai dit au commencement de ce travail, sont unanimes pour affirmer que la sentence d'Innocent III du 1er juin 1199 aurait été suivie d'une entière soumission. Si nous consultons cependant les Preuves de Dom Morice, nous y trouvons (tome I, p. 794) un acte qui jette un grand jour sur la question qui nous occupe. C'est une lettre de Robert de Vitré, chantre de l'église de Paris, et de Robert d'Apigné, datée de Tours, la vigile de Saint-Gatien (17 décembre), par laquelle Arthur s'engage à faire exécuter la sentence pontificale établissant l'Eglise de Tours métropole de l'Eglise de Dol.

L'analyse de cet acte nous amène aux conclusions suivantes :

« 1° Le duc Arthur promet d'obéir de bonne foi à la sentence » que le seigneur pape Innocent a portée en faveur de l'Eglise de » Tours au sujet de la soumission de l'Eglise de Dol, et que dorénavant il ne fera rien contre elle ni par lui ni par aucun autre. » 2° Cette soumission est faite à la requête de l'archevêque de » Tours, d'après les conseils des évêques de Rennes, Nantes, » Saint-Malo, Vannes, Quimper, et de plusieurs seigneurs bretons présents. 3° Il y est stipulé que le duc Arthur rétablira » intégralement dans son évêché l'évêque de Dol et ses clercs, » reconnaîtra leurs droits spirituels et temporels, et les fera jouir » en paix de tout ce qu'ils possédaient à l'époque où l'évêque qui » n'était encore qu'élu se rendit à Rome. Si quelqu'un les inquiète, » le duc les vengera comme s'ils appartenaient au clergé des » autres diocèses de la province. 4° Il reconnait tous les droits » du métropolitain sur l'Eglise et le peuple de Dol à Barthélemi, » archevêque de Tours, et à ses successeurs ; s'il est inquiété dans » l'exercice de ses droits, le duc les fera respecter. 5° Quant aux » dommages occasionnés, tout ce que l'évêque de Dol lui demandera, il s'engage à le faire rendre à lui et à ses clercs, après » avoir consulté deux évêques et deux barons, quarante jours » après son retour en Bretagne. Enfin, il s'engage à faire payer » les rentes et redevances qui leur sont dues à partir du jour de » cette promesse, soit que les revenus aient été perçus avant » l'échéance de leur paiement soit qu'ils restent encore à percevoir. »

Cet acte, comme il est facile de le voir, est décisif dans la question. Il nous prouve que la sentence pontificale de 1199 n'avait poi t été exécutée puisqu'il nous met en présence de graves désordres occasionnés par cette désobéissance aux ordres d'Innocent.

On comprend aisément qu'il en soit arrivé ainsi. En effet, cette sentence ne devait pas être agréable aux Bretons. Philippe-Auguste menaçait de jour en jour l'indépendance de la province. Tuteur d'Arthur, il profitait de toutes les occasions pour s'ingérer dans l'administration du duché : « Or, l'autorité de la métropole » de Tours établie en Bretagne, nous dit Dom Morice, rendait le » roi de France presque maître des élections des évêques, parce » que le métropolitain avait droit de les confirmer ou de les » rejeter. De là vient que, quand on lui présentait un sujet qui » n'était pas agréable au roi, il ne manquait pas, sous quelque » prétexte, de casser l'élection et de faire procéder à une nou- » velle. C'était donc un grand avantage pour le roi d'être assuré » des évêques dans une province où ils sont en si grand nombre » et très-considérés[1]. »

Déjà, sous Luce III en 1184, Philippe manifestait son mécontentement au pape de ce que Rolland, évêque élu de Dol, venait d'être promu au cardinalat; en comblant d'honneur ce prélat, le pape paraissait prendre le parti des Bretons. Le roi écrivit au Souverain Pontife : « Qu'en enlevant à Tours sa prééminence » religieuse, il semblait vouloir briser et fouler aux pieds la cou- » ronne de France...; quant à lui, il vengerait cette injure les » armes à la main, et rendrait Luce III responsable du sang qui » serait versé entre les Français et les Bretons. » Puis il mandait au cardinal Octavien : « Que le pape le privait de ses pro- » vinces occidentales et excitait la noblesse de ce pays à la » révolte[2]. »

On le voit, Philippe-Auguste avait cette affaire à cœur. Ces dernières paroles montrent combien cette question était à ses yeux plutôt politique que religieuse.

Assurément l'évêque de Dol tenait et devait tenir au pallium; aussi, en 1199, Jean de la Mouche, alors évêque élu, se rend-il à Rome. Là, voyant, après deux audiences, qu'il ne pouvait en conscience soutenir les titres de l'Église de Dol, il chercha à se démettre de son évêché entre les mains d'Innocent; mais celui-ci

1. Dom Morice, *Hist. ecclés. et civ. de Bretagne*, tome I, p. 127.
2. *Mélanges hist. et arch. sur la Bretagne*, etc... p. 104.

ne voulut pas admettre sa démission pour ne pas éterniser le procès.

Quelles raisons portaient Jean à prendre une détermination aussi grave? Sans aucun doute les difficultés qu'il prévoyait devoir surgir en Bretagne à son retour, conséquences naturelles de son obéissance aux ordres du Souverain Pontife.

En effet, beaucoup de laïcs s'étaient emparés des biens ecclésiastiques; or, l'archevêché de Dol consistait en un certain nombre d'enclaves disséminées dans les autres évêchés bretons; plusieurs d'entre elles avait été réunies par Noménoë lui-même, croit-on, précisément pour rendre cet archidiocèse plus important [1]. La privation de cette dignité semblait détruire les titres à la propriété de ces enclaves; aussi, le duc ou quelques-uns de ses conseillers n'auraient-ils pas cherché à s'en rendre maîtres? C'est ce qui résulte clairement de l'acte que nous avons analysé plus haut, où Arthur reconnait à l'évêque de Dol et à ses clercs tous leurs droits spirituels et temporels et leur promet de les faire jouir en paix *de tout ce qu'ils possédaient à l'époque où l'évêque, qui n'était encore qu'élu, se rendit à Rome*. Bien plus, il résulterait de la lettre de Robert de Vitré et de Robert d'Apigné que l'évêque n'aurait pu rentrer dans son diocèse et aurait été regardé comme un ennemi de la nation, puisqu'on lui promet *de le considérer, lui et ses clercs, comme s'ils appartenaient au clergé des autres diocèses de la province*.

Ce n'était pas la première fois, pendant cette lutte mémorable, que les habitants de Dol traitaient ainsi leur premier pasteur. Cinquante ans auparavant, Hugues, ancien prieur de Sainte-Croix de Nantes, ayant été reçu à Dol comme archevêque, alla ensuite faire sa soumission à Engelbaud, archevêque de Tours; mais, à son retour, il vit son peuple indigné se soulever contre lui, l'accuser de trahison, lui fermer les portes de la cité, et le forcer à se réfugier au Mont Saint-Michel [2].

Le pape, d'ailleurs, prévoyait cette levée de boucliers; car il termine ainsi la lettre qu'il écrivit à la duchesse Constance et aux barons de Bretagne pour les prier de tenir à l'exécution de la sentence pontificale; lettre datée du 2 juin 1199: « Alioquin » sententiam quam in vos propter hoc canonice tulerit ecclesia

1. *Mélanges hist. et arch. sur la Bretagne*, etc... p. 111.
2. *Ibid*, p. 102.

» Turonensis ratam habebimus et faciemus auctore Domino inviolabiliter observari[1]. »

Il ne faut donc pas s'étonner de voir l'interdit dont parle Innocent III dans la bulle que nous publions, fulminé contre la province entière.

Mais comment se fait-il qu'aucun historien n'en ait fait mention? Sans vouloir attaquer ici la science des Bénédictins, dont nous admirons les travaux aujourd'hui si utiles, nous pouvons dire, sans craindre de nous tromper, qu'ils n'ont pas tiré tout le profit des matériaux qu'ils avaient rassemblés avec tant de soin. En effet, Dom Morice parle de la lettre de Robert de Vitré et de Robert d'Apigné sur laquelle nous nous appuyons, et il nous dit qu'elle fut envoyée l'année qui suivit la publication de la sentence d'Innocent III du 1er juin 1199[2]. Or, du 1er juin 1199 au 17 décembre 1201, il s'écoula deux ans et demi. Il n'a pas fait attention à toute la portée de ce dernier document, qui nous fournit la preuve d'une résistance très-opiniâtre des Bretons, qui refusèrent de recevoir la bulle du pape, l'évêque nommé de Dol et ses clercs[3].

Maintenant, pourquoi l'interdit qui nous occupe aurait-il duré si longtemps? L'état politique de la province nous en fournit la raison. Depuis le mois d'octobre 1199, le duc de Bretagne était retenu à Paris par Philippe-Auguste dans une captivité déguisée, pendant laquelle le roi de France avait abandonné à Jean Sans-Terre les droits de son pupille sur les provinces d'Anjou, du Maine et de Touraine, laissant au roi d'Angleterre la charge de les conquérir (traité du Goulet, mai 1201). Les conditions du traité n'ayant pas été observées, Philippe donna au jeune Arthur une plus grande liberté d'action vers la fin de l'année 1201[4]. Celui-ci

1. Dom Morice, *Preuves à l'hist. de Bretagne*, tome I, p. 768.

2. Dom Morice, *Histoire*, tome I, p. 127. — Dom Lobineau, *Hist. de Bretagne*, p. 181, fixe, je ne sais pour quelle raison, la vigile de Saint-Gatien au 16 octobre.

3. Dom Morice, *Preuves*, tome I, p. 781, publie une lettre de Jean, évêque de Dol, mentionnant plusieurs donations faites à la Vieuxville; il place cet acte en 1200. Cette charte n'étant pas datée, on ne peut s'appuyer sur elle pour combattre notre opinion et montrer par là que Jean de la Mouche jouissait alors de tous ses droits dans son diocèse. Il serait plus probable qu'elle n'aurait été publiée qu'après l'accord du 17 décembre 1201. Alors seulement, Jean, paisible possesseur de son évêché, confirma ce qui avait été fait pendant son absence.

4. Dom Bouquet, tome XVIII, p. 295.

en profita pour se rendre dans ses provinces, que les Anglais ravageaient impunément depuis dix-huit mois. Il y avait conservé un grand nombre de partisans, surtout dans les villes et parmi le clergé; tous supportaient avec peine le joug de l'étranger. Aussi, il n'est pas étonnant de le trouver à Tours au mois de décembre 1201, environné de ses plus fidèles serviteurs et des évêques de Bretagne, qui étaient venus conférer avec lui sur les intérêts de sa cause. Il dut s'efforcer d'être agréable à tous. Or, en mettant un terme à la trop longue querelle des églises de Dol et de Tours, il faisait droit aux justes réclamations de l'archevêque de Tours, l'un des prélats les plus influents des provinces occupées par les Anglais, et rendait la paix aux diocèses bretons, qui, bien que n'étant pas directement intéressés dans cette lutte, s'étaient vus privés pendant longtemps du culte extérieur.

De plus, l'accord passé entre le duc et l'archevêque de Tours fut rédigé d'après les conseils de ses plus fidèles serviteurs et des évêques de Bretagne, qui tous soupiraient après une prompte exécution de la sentence pontificale du 1er juin 1199. Les commissaires chargés de conclure cet accord étaient les conseillers ordinaires d'Arthur et de sa mère. En effet, Robert de Vitré, chantre de l'église de Paris, était frère d'André de Vitré, l'un des plus puissants barons de Bretagne, qui servit avec un dévouement inébranlable les intérêts d'Arthur; Robert, appartenant à un diocèse étranger à la province, était cependant originaire du pays breton; ce double titre devait le rendre agréable aux deux partis. Robert d'Apigné apparaît comme témoin dans beaucoup d'actes importants, particulièrement dans la cession des droits que la duchesse Constance réclamait sur la ville de Vitré[1]. Ces deux seigneurs semblent n'avoir jamais abandonné le jeune duc, et, plus d'une fois, malgré son titre de clerc, Robert de Vitré défendit son maître les armes à la main, suivant la coutume très-ordinaire de l'époque, car il fut fait prisonnier à ses côtés à la fatale journée de Mirebeau[2].

Nous pouvons donc conclure, avec assez de certitude, de cette

1. Dom Lobineau, *Hist. de Bretagne*, p. 174, 175, 178, 181.
2. Pour tous les renseignements historiques sur Arthur, voir l'article de M. Gaston Dubois sur Guillaume des Roches, sénéchal d'Anjou, du Maine et de Touraine, — *Bibliothèque de l'Ecole des chartes* 1869, (4e série, t. V), p. 377, et 1871, p. 88.

lettre de Robert de Vitré et de Robert d'Apigné que les Bretons opposèrent une résistance énergique à l'exécution de la bulle d'Innocent III du 1er juin 1199 établissant l'église de Tours métropole de tous les évêchés de la Bretagne, résistance qui nécessita un interdit lancé sur la province entière.

Pendant cet interdit, plusieurs évêques de Bretagne, suivant l'exemple que venaient de leur donner les prélats français dans l'exécution de l'interdit fulminé par Innocent III contre Philippe-Auguste, auraient voulu obéir ponctuellement aux ordres du pape; mais, rencontrant de grandes difficultés, ils auraient demandé à la cour romaine quelques explications sur la manière de faire observer la censure qui frappait leur patrie. Le pape aurait répondu aux évêques de la Bretagne en leur adressant la lettre que nous publions. Cette lettre, comme nous l'avons dit au commencement de ce travail, apporta quelques adoucissements à la discipline ecclésiastique, alors très-sévère. Mais quelle est la portée de ces adoucissements? C'est ce que nous nous efforcerons d'expliquer dans une autre étude, en faisant comprendre, autant que nous le pourrons, la nature et le but de l'interdit.

L'abbé CHAUFFIER.

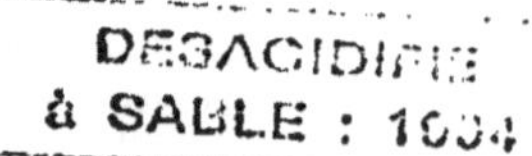
DESACIDIFIE
à SABLE : 1994

483

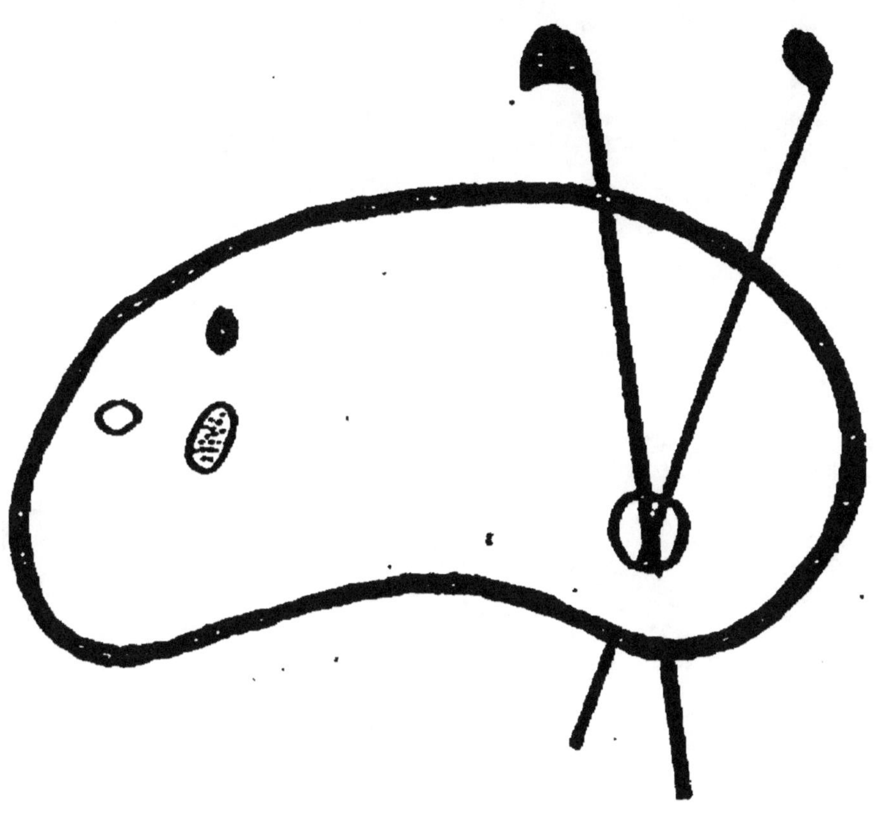

ORIGINAL EN COULEUR
NF Z 43-120-8